VINGT ANNÉES D'APPLICATION

de la Loi sur les

ACCIDENTS DU TRAVAIL

LA DÉFORMATION DE LA LOI. — LES ABUS

SIMULATEURS & MÉDECINS-MARRONS

L'EXPLOITATION DES INDUSTRIELS

PAR

A. VILLEMIN

Président de la Chambre Syndicale des Entrepreneurs de Maçonnerie
de la Ville de Paris et du Département de la Seine
Président du Syndicat Général de Garantie du Bâtiment et des Travaux Publics
contre les Accidents du Travail.

PARIS
—
ÉTUDES PROFESSIONNELLES
4ᵇⁱˢ, rue Saint-Martin

HUIT ANNÉES D'APPLICATION

de la Loi sur les

ACCIDENTS DU TRAVAIL

LA DÉFORMATION DE LA LOI. — LES ABUS

SIMULATEURS & MÉDECINS-MARRONS

L'EXPLOITATION DES INDUSTRIELS

PAR

A. VILLEMIN

Président de la Chambre Syndicale des Entrepreneurs de Maçonnerie
de la Ville de Paris et du Département de la Seine

Président du Syndicat Général de Garantie du Bâtiment et des Travaux Publics
contre les Accidents du Travail.

PARIS
—

ÉTUDES PROFESSIONNELLES

4ᵇⁱˢ, rue Saint-Martin

HUIT ANNÉES D'APPLICATION

DE LA

Loi sur les Accidents du Travail

RAPPORT présenté au Congrès national du Bâtiment et des Travaux publics tenu à Bordeaux les 18, 19 et 20 Septembre

Une étude critique complète des résultats de la loi du 9 avril 1898 et des lois du 22 mars 1902 et 31 mars 1905 nécessiterait un fort volume. Ne voulant pas excéder le cadre des communications et des rapports à nos Congrès et retenir trop longtemps l'attention des Congressistes également sollicitée par les autres questions importantes figurant à l'ordre du jour, nous nous bornerons à exposer quelques-uns des résultats essentiels produits par l'application de la législation sur les accidents du travail.

***

Il est tout d'abord un premier résultat qui nous parait hors de toute contestation. Il ne peut être, en effet, nié par des personnes de bonne foi, que le but poursuivi par le législateur en faisant entrer dans le Code le principe du risque professionnel et de sa réparation transactionnelle et forfaitaire est atteint. Qu'il s'agisse d'incapacité temporaire, d'incapacité permanente ou de mort, la victime ou ses ayants droit sont assurés de toujours recevoir, et le plus souvent très rapidement, les indemnités que la loi leur accorde. L'interprétation si large que les Tribunaux, les Cours d'appel et la Cour de Cassation ont donné aux mots : « par le fait ou à l'occasion du travail », fait bénéficier de la loi de 1898, non seulement tous les accidents en corrélation avec la tâche assignée à l'ouvrier qui en a été la victime, mais aussi les accidents survenus dans le chantier ou l'atelier même sans lien direct avec le travail, depuis le moment où l'ouvrier est arrivé pour se mettre à la disposition du chef d'entreprise jusqu'au moment où il est sorti du chantier ou de l'usine et où il a recouvré sa liberté. Il a même été jugé qu'un lieu distant de 1.500 mètres de l'endroit où travaillait l'ouvrier constituait « un prolongement du chantier ».

Grâce à cette interprétation plus que libérale, que nombre de juristes trouvent excessive, tous les accidents par le fait ou à l'occasion du travail sont indemnisés.

Le principe si juste et si humanitaire de la loi de 1898 est donc pleinement réalisé et la réparation des accidents parfaitement assurée.

*
* *

Malheureusement la loi de 1898 et les lois de 1902 et 1905 n'ont pas eu que ce résultat favorable ; elles en ont produit d'autres absolument néfastes qu'il est impossible de nier, car ils sont mathématiquement attestés par des faits et par des chiffres, et résultent des statistiques de toutes les organisations d'assurances auxquelles le législateur a remis l'application de la loi.

Ces résultats déplorables sont dus à deux causes distinctes : les uns proviennent de dispositions défectueuses de la loi de 1898 aggravées par la loi du 31 mars 1905 : les autres sont la conséquence de la déformation de la loi par les magistrats qui ont faussement interprété la volonté du législateur.

Les dispositions défectueuses des lois du 9 avril 1898 et du 31 mars 1905 ont donné naissance à d'innombrables abus, causés par la simulation des accidents, par la prolongation injustifiée des chômages et par l'exagération des honoraires médicaux et des frais judiciaires.

La déformation de la loi par la jurisprudence est la source d'abus non moins criants, résultant de l'octroi d'indemnités pour incapacité permanente à des blessés dont la très légère impotence fonctionnelle n'a entraîné aucune dépréciation professionnelle.

Tous ces abus engendrés par la loi même et par sa fausse interprétation ont produit de graves résultats, matériels et moraux ; non seulement ils ont considérablement augmenté les charges d'assurance supportées par les industriels, les faisant progresser en sept années d'au moins 50 °/₀ et même pour certaines professions de 100 °/₀ et plus, mais ils ont eu une conséquence qui, à notre avis, est infiniment plus funeste : la démoralisation d'un nombre chaque jour plus grand de travailleurs par les mauvais exemples si contagieux et les facilités de fraude que contient la loi, qui constituent de véritables incitations à la simulation et à la paresse.

1° *Abus des petits chômages.*

L'abus des petits accidents est la conséquence de l'extrême facilité avec laquelle les ouvriers peuvent chômer pour des accidents simulés ou des accidents insignifiants qui, sans l'appât du demi-salaire, n'auraient occasionné aucune interruption de travail.

Un ouvrier qui veut, pour une cause quelconque, cesser le travail et toucher son demi-salaire durant son chômage n'a qu'à se plaindre d'une vague douleur consécutive à une chute, à un effort ou à un faux mouvement, car pour pouvoir contester ce prétendu accident, l'industriel, ou l'assureur qui lui est substitué, s'expose à des frais tels, qu'il est encore moins onéreux pour lui de payer les quelques jours de chômage qui lui sont indûment réclamés.

Si, en effet, il s'y refuse, alléguant que le prétendu blessé ne fait pas la preuve de son accident (ainsi qu'il y est tenu), celui-ci trouvera toujours et sans aucune difficulté un camarade complice ou simplement complaisant qui viendra attester devant le Tribunal de Paix qu'il a vu l'accident se produire, ou, s'il ne l'a pas vu, qu'il a entendu le blessé se plaindre, et cela suffit pour que le juge estime que la preuve est faite et pour qu'il condamne l'industriel ou son assureur au paiement du demi-salaire et aux dépens comportant les frais d'enquête, de jugement, de signification qui, à eux seuls, dépassent le plus souvent le montant de l'indemnité réclamée.

*
* *

Même impossibilité pratique de contester la durée du chômage ; comme pour les accidents simulés, il est moins onéreux pour l'industriel ou l'assureur qui lui est substitué d'accorder les huit, dix ou quinze jours de chômage qui lui sont indûment réclamés que de s'adresser au Juge de paix pour faire fixer la date de guérison.

En effet, lorsque le médecin de l'assureur a constaté, soit comme médecin traitant, soit au cours du contrôle hebdomadaire auquel il est autorisé par la loi du 31 mars 1905, que le blessé était guéri, si celui-ci refuse de reprendre son travail, réclamant encore huit ou quinze jours de prolongation de chômage, le médecin remet à l'assureur un certificat de guérison que celui-ci transmet au Juge de paix à fin de nomination d'expert.

Le Juge de paix commet un expert, lequel convoque les parties quatre ou cinq jours après (en admettant qu'il ait fait preuve de la plus grande diligence). Or, que peut dire l'expert, une seule chose, c'est que le blessé est guéri et il lui est bien difficile de faire remonter cette guérison à une date antérieure au jour de son examen. Il la fixe donc au jour de son expertise, c'est-à-dire à une date postérieure de sept, huit ou dix jours à la date de guérison fixée par le médecin de l'assureur ou de l'industriel.

Et cela suffit pour que le Juge de paix, dans tous les cas, condamne l'industriel ou l'assureur au payement du demi-salaire jusqu'à la date de guérison fixée par l'expert et aux dépens comprenant de 60 à 120 francs de frais d'expertise et de jugement.

Devant cette certitude, on comprendra que l'assureur trouve plus économique de payer les journées de chômage qui lui sont indûment réclamées.

Les ouvriers s'en rendent parfaitement compte et chaque jour s'accroît le nombre de ceux qui tentent, presque chaque fois avec succès, d'en tirer parti.

*
* *

Étant donné que les industriels ou les assureurs sont dans l'impossibilité de réagir contre les abus résultant de la simulation des accidents et de leur prolongation injustifiée, on se rend compte qu'ils ne peuvent efficacement s'opposer à la prolongation jusqu'au douzième jour, des chômages, pour recevoir l'indemnité des quatre premiers jours. Il ne s'agit là que de quelques francs d'indemnité pour lesquels l'assureur se garderait bien d'avoir recours à une expertise onéreuse et inefficace ordonnée par le Tribunal de Paix.

*
* *

Il est donc, en fait, impossible aux industriels et aux assureurs de se défendre contre la simulation des petits accidents et contre la prolongation abusive des chômages, et c'est là un des résultats pratiques les plus désastreux de la loi de 1898, surtout depuis que la loi du 31 mars 1905 a fait partir le payement de l'indemnité journalière du premier jour lorsque l'incapacité de travail a duré plus de dix jours.

Les statistiques de toutes les Sociétés d'assurances, Compagnies à primes fixes, Sociétés Mutuelles, Syndicats de Garantie, attestent la gravité du mal, toutes enregistrent une progression formidable, ininterrompue, du nombre des petits accidents.

Ne pouvant les citer toutes, nous nous bornerons aux statistiques, d'ailleurs beaucoup plus explicites et plus complètes, des mutualités :

Au Syndicat Général de Garantie du Bâtiment et des Travaux Publics, le nombre des incapacités temporaires est passé de 1899 à 1906, par million de salaire assuré, de 74,6 à 145,4 et leur coût de 5.034 francs à 11.073 fr. 50.

A la Caisse Syndicale des Forges de France, de 1905 à 1906, les incapacités temporaires ont progressé de 21,53 %, et de 1900 à 1906, la progression a été de 51,93 % ;

La Mutualité Industrielle a enregistré, chaque année, une progression considérable, rien que de 1904 à 1906, la proportion des ouvriers blessés par rapport aux ouvriers assurés a passé de 8,03 en 1904 à 9,61 en 1905, à 12,03 en 1906 ;

L'Union Industrielle de Lyon n'a pas échappé à la loi commune et a subi de 1900 à 1906 une progression de près de 40 % de ses petits accidents.

La progression du nombre des accidents a été aggravée par la progression de leur durée moyenne et, par conséquent, du coût moyen des incapacités temporaires.

C'est ainsi qu'au Syndicat Général de Garantie de l'avenue Victoria, depuis l'application de la loi, la durée moyenne des incapacités temporaires a passé de : 17 jours 02 en 1899 à 17 jours 06 en 1900 ; à 19 jours 09 en 1901 ; à 20 jours 03 en 1902 ; à 20 jours 07 en 1903 ; à 20 jours 97 en 1904 ; qu'elle s'est élevée à 22 jours 70 en 1905 et à 23 jours en 1907, soit, pour les sept années, une augmentation du chômage moyen de plus de 35 %.

A la Mutualité Industrielle, la valeur des indemnités, par rapport aux cotisations, qui était de 56,02 en 1904, s'est élevée à 64,10 en 1905 pour atteindre 72,34 en 1906.

Signalons encore que depuis la loi du 31 mars 1905, le nombre

des accidents de plus de cinq jours à moins de onze jours, n'a
cessé de diminuer ; il résulte, en effet, des statistiques du Syndicat Général de Garantie du Bâtiment et des Travaux Publics,
que les blessés ont une tendance, chaque année plus accusée, à
prolonger indûment de quelques jours leur chômage, afin de
bénéficier du demi-salaire pour les quatre premiers jours. C'est
ainsi que la proportion des accidents de cinq à dix jours, par
rapport au nombre total des accidents, qui était de 24,71 °/₀ en
1901, est descendue à 18,05 °/₀ en 1905 et à 16,62 °/₀ en 1906.

*
* *

Cet abus de la prolongation injustifiée des petits chômages est
tellement criant, qu'un fonctionnaire non suspect de parti pris
pour les industriels, un inspecteur du travail, de Paris, n'a pas
hésité à le signaler dans son rapport publié par le *Journal officiel*, du 6 février 1907 : « L'augmentation du nombre des accidents déclarés, écrit-il, est nul pour le premier trimestre 1905 (1);
elle n'apparaît qu'avec la statistique du deuxième et se main-
tient avec celle des deux derniers. Elle s'affirme donc en concor-
dance et, nous le croyons, en corrélation avec l'application de la
nouvelle loi du 31 mars 1905... »

« Et alors se produit cette tendance à l'abus provoquée par
les dispositions législatives nouvelles. L'article 3 de la loi du
31 mars 1905 ne garantissant l'indemnité journalière pour les
quatre premiers jours qu'au cas où l'incapacité de travail dépas-
sera dix jours, on comprend la situation où se trouve l'ouvrier
blessé après l'expiration des quatre ou six premiers jours, auxquels ont pu s'ajouter un ou deux jours fériés. Arrivé au huitième
jour de son incapacité, il suppute qu'aucun intérêt ne l'incite à
reprendre son travail. S'il le fait, il perd le bénéfice de l'indemnité allouée pour les quatre premiers jours, équivalente au salaire
entier de deux journées de travail. Tout compte fait, il préfère
attendre deux ou trois jours de plus, qui deviendront pour lui
deux ou trois jours de congé payé. L'intervention du médecin,
seul arbitre en la matière, ne peut d'ailleurs remédier à cet abus,
car elle ne saurait être autoritaire, dépourvue qu'elle est de
sanction applicable en un espace de temps aussi court; elle est,

---

1. Antérieurement à la loi du 31 mars 1905.

au contraire, forcément bienveillante, la loi ayant laissé à la victime le choix de son médecin. Le moyen efficace de parer à cet état de choses, à défaut du retour aux dispositions primitives de la loi du 9 avril 1898 ne serait autre qu'une nouvelle réforme légale accordant aux blessés, sans condition, le paiement de l'indemnité dès le jour de l'accident. »

2° *Abus des frais médicaux et des frais pharmaceutiques.*

Aux abus des petits accidents, réels ou simulés, qui n'ont cessé de suivre une progression de plus en plus marquée, depuis la loi du 31 mars 1905 qui, en fait, a supprimé le délai de carence, déjà insuffisant, des quatre premiers jours, viennent s'ajouter les abus encore plus criants des frais médicaux.

Comme pour la progression des petits accidents, les statistiques de toutes les Sociétés d'assurances ont enregistré la formidable progression des frais médicaux et des frais pharmaceutiques.

Il y a quelques semaines, répondant à une enquête ouverte par M. le Dr Petitjean, sénateur de la Nièvre, sur les médecins et les accidents du travail, nous lui faisions la déclaration suivante que nous demandons la permission de reproduire :

« L'exercice du droit de choisir son médecin n'a guère eu jusqu'ici qu'un résultat tangible, absolument incontestable, celui de rétablir pour les industriels assujettis à la loi, la situation du « taillable et corvéable à merci », qui, pour tous les citoyens, paraissait abolie depuis la Révolution de 1789. En fait, il les a livrés pieds et poings liés à l'exploitation d'un petit nombre de médecins autant dépourvus de science que de conscience. Ces médecins, jeunes pour la plupart, qui, avant la loi de 1898, n'avaient aucune clientèle, sont parvenus, par des moyens condamnables, à s'en constituer une en faisant racoler les blessés du travail. Cette clientèle est pour eux infiniment plus rémunératrice que la clientèle bourgeoise et il serait facile de vous citer à Paris plusieurs spécialistes d'accidents auxquels elle rapporte plus de cinquante mille francs par an. Et ce n'est point par des soins meilleurs que ces spécialistes attirent les blessés du travail, c'est par le racolage aux portes des chantiers et des usines, des mairies, des justices de paix, des Sociétés d'assurance, et dans les hôpitaux, c'est par les promesses de faire obtenir aux blessés, dans tous les cas, une indemnité, c'est par la facilité avec laquelle les prolongations de chômage et les certificats d'incapacité permanente leur sont accordés.

« Le traitement de ces blessés préoccupe moins ces spécialistes que la confection des notes d'honoraires et ils retardent le plus possible la guérison ou la consolidation de la blessure, afin de multiplier les visites, les pansements, les massages, sans utilité.

« Contre cette exploitation scandaleuse nous sommes absolument désarmés : car comment pouvoir contester efficacement, plusieurs semaines et plusieurs mois après la guérison, alors que souvent les ouvriers ont disparu, la nécessité d'une radiographie, de grands pansements ou de séances quotidiennes de massages ou d'électricité? En réclamant au juge de paix une expertise? C'est encore possible lorsqu'il s'agit de notes élevées, mais pour des honoraires d'une centaine de francs réclamés pour d'insignifiants traumatismes, que peut faire l'expert? appliquer le tarif officiel et c'est tout ; or, comme les honoraires réclamés sont conformes au tarif, l'expert étant dans l'impossibilité de dire si le nombre des visites était ou non justifié, le juge de paix vous condamne et vous voilà obligés de payer, outre les honoraires, des frais d'expertise et des frais de jugement qui, à eux seuls, atteignent et dépassent souvent le montant de la note réclamée.

« C'est surtout dans ces notes d'honoraires d'une centaine de francs pour les plus infimes traumatismes que réside l'abus, car elles se multiplient par milliers.

« N'est-il pas monstrueux que des industriels soient ainsi victimes d'une pareille exploitation sans pouvoir se défendre et n'y a-t-il pas lieu d'espérer que lorsqu'ils la connaitront, les médecins honorables qui constituent la très grande majorité du corps médical seront les premiers à la condamner? »

*
* *

De cette exploitation éhontée des industriels et des assureurs par un trop grand nombre de médecins sans scrupules, M. le sénateur Petitjean a recueilli, au cours de son enquête, des preuves nombreuses, qu'il a publiées dans une étude remarquable parue dans *l'Aide Sociale,* une revue nouvelle dirigée par un publiciste des plus compétents en matière de questions d'assurance et de prévoyance sociale, M. Édouard FUSTER.

Les exemples cités par M. le D\u1D63 Petitjean démontrent la véracité de nos allégations, ils prouvent surabondamment que les industriels et leurs assureurs sont, surtout dans les grandes villes, exploités par des médecins marrons de plus en plus nombreux, qui, impunément, multiplient abusivement le nombre des radiographies, des consultations, des massages, des électrisations, des grands pansements, sans qu'il soit possible à l'industriel d'en contester l'utilité.

« Et, écrit M. le D\u1D63 Petitjean, pour le plus insignifiant traumatisme, les grands pansements et les massages sont pratiqués chaque jour pendant toute la durée du traitement, arbitrairement prolongés durant plusieurs semaines, et le plus souvent, pour y mettre fin, il faut que l'industriel s'expose aux frais d'une expertise pour faire constater la guérison du blessé et l'inutilité de tout traitement.

« Quand je dis que les massages ou les grands pansements sont faits chaque jour, c'est comptés que je devrais écrire, car il n'est pas toujours certain que les soins tarifés aient été aussi fréquemment et régulièrement donnés que les relevés l'attestent ; mais aucune contestation n'est possible, car on a eu soin de faire signer par le blessé, presque toujours d'avance, sur un registre, vingt ou trente fois, suivant qu'on estime que le traitement devra se prolonger de trois à quatre semaines, et on n'a ensuite qu'à mettre en regard de la signature une date de consultation, de massage ou de pansement pour que le compte soit parfaitement en règle et à l'abri de toute contestation possible.

« J'ai sous les yeux une centaine de ces notes avec pansements et massages quotidiens, et c'est, par chaque jour de traitement, un honoraire de 6 francs lorsqu'il s'agit de consultation au cabinet avec pansement ou massage, et de 7 fr. 50 pour les visites à domicile, sans compter les radiographies, les petites opérations et les fournitures pharmaceutiques.

« Toutes ces notes sont supérieures à l'indemnité de chômage payée au blessé pour son incapacité de travail.

« Il n'en est pas une qui soit inférieure à 50 francs même pour des chômages de moins de dix jours ; la moyenne pour les chômages de dix à quinze jours est de 65 francs ; pour les chômages de quinze jours à un mois, de 100 francs, et pour les chômages de un mois à six semaines, de 140 francs.

« C'est un relevé de 124 francs pour une plaie contuse du pouce ayant entraîné 34 jours de chômage, pour lequel le blessé a touché 85 francs d'indemnité ; un relevé de 120 fr. 20 pour une écorchure à la face dorsale de l'articulation métacarpo-phalangienne du médius droit ayant entraîné 31 jours de chômage pour lesquels le blessé a reçu 93 francs ; un relevé de 130 fr. 40 pour un panaris superficiel de l'index droit ayant entraîné 34 jours de chômage et le paiement de 93 fr. 50 d'indemnité au blessé ; un relevé de 165 fr. 50 pour une contusion du dos ayant occasionné au blessé 54 jours de chômage pour lesquels il a reçu 135 francs d'indemnité ; un relevé de 208 fr. 70 pour une contusion du genou ayant occasionné au blessé 48 jours de chômage pour lesquels il a reçu 144 francs de demi-salaire.

« Je pourrais continuer ainsi durant plusieurs pages, mais cette énumération lasserait par sa monotonie.

.   .   .   .

« Aux abus de pansements antiseptiques et de massages viennent s'ajouter les abus des produits pharmaceutiques. Pour d'insignifiants traumatismes, il n'est pas rare de voir plusieurs ordonnances prescrivant des quantités considérables d'ouate, de compresses, de bandes et de liniment, et souvent des vins de quinquina et de malaga et du champagne de marque.

« On m'a communiqué des relevés de pharmacie s'élevant, l'un à 396 francs pour 21 blessés, à 118 fr. 25 pour 4 blessés, à 645 francs pour 36 blessés, à 318 fr. 35 pour 18 blessés, à 233 fr. 25 pour 19 blessés.

« Mais le record me paraît jusqu'ici détenu par un médecin de banlieue, dont je ne puis résister au désir de reproduire la note *in extenso*. Il s'agit d'un ouvrier S..., atteint le 26 août 1906 de contusion de l'abdomen ayant entraîné un chômage de 70 jours sans incapacité permanente. L'indemnité payée audit blessé s'est élevée à 162 fr. 75 et la note du pharmacien, pour un traitement de 38 jours, à 183 fr. 35. »

.   .   .   .

Et M. le Dr Petitjean conclut :

« Il y a quelques mois, mon collaborateur et ami Pierre Poisson, député du Gard, publiait dans *la France du Sud-Ouest* un remarquable article sur la simulation et les accidents du travail, dans lequel il stigmatisait le rôle de ceux qu'il considérait avec raison comme les véritables auteurs de la progression des accidents qui alarme tous les industriels et qu'il dénommait les « médecins marrons ».

« De même, écrivait-il, qu'il y a des hommes d'affaires mar-
« rons qui vivent plus ou moins largement de l'humeur procé-
« durière des contribuables, de même il y a aujourd'hui des
« médecins qui exercent un métier analogue.

« Pour l'honneur du corps médical, et dans son intérêt, il faut faire cesser les agissements de ces médecins marrons ; il faut que le Parlement les mette dans l'impossibilité de continuer leur exploitation des industriels qui, si elle demeurait impunie, irait sans cesse en progressant et finirait par imposer à l'industrie nationale une charge beaucoup plus lourde que celle qui lui est causée par la réparation légitime des accidents du travail. »

Nous n'aurions qu'à puiser dans tous les comptes rendus des Sociétés d'Assurances pour prouver par des chiffres la progression des frais médicaux causée par l'exploitation chaque jour plus accentuée des industriels et des assureurs. On nous permettra de ne citer que les statistiques du Syndicat Général de Garantie qui sont malheureusement parmi les plus convaincantes.

Elles disent que depuis la première année d'application de la loi sur les accidents, les frais médicaux ont, en sept ans, augmenté de 283 %, passant de 1.785 francs par million de salaires assuré en 1900 à 6.649 francs en 1906.

De tels chiffres attestent mieux que ne le feraient les plus longs commentaires, les déplorables résultats de l'article 4 de la loi de 1898, qui garantit à l'ouvrier blessé le libre choix de son médecin sans donner à l'industriel la possibilité de se défendre contre l'exploitation des médecins sans conscience.

Les médecins marrons enseignent la simulation.

Non seulement ces médecins marrons exploitent impunément les industriels, mais ils apprennent à leurs clients les moyens de voler leur patron, ou, ce qui revient au même, son assureur, en leur enseignant la simulation.

Tous les médecins experts des grandes villes sont au courant de ces agissements, et l'indignation de l'un d'eux, M. le Dʳ Valude, médecin des hôpitaux, s'est manifestée dans les lignes suivantes qu'il a ajoutées à un rapport d'expertise dont il avait été chargé par le juge de paix du 4° arrondissement :

« Bien que ceci soit en dehors de la questoin, je me permets de faire observer que la proportion des simulateurs augmente de façon inquiétante.

« Ceci tient aux facilités que donne l'assistance judiciaire qui permet aux simulateurs de tenter l'aventure sans frais et sans risques.

« Il faut dire hélas aussi, que la fraude leur est facilitée et inspirée par certains médecins, honte de la profession, qui ne craignent pas de se faire les éducateurs des accidentés du travail pour leur apprendre à simuler.

« Il semble qu'il appartient au pouvoir judiciaire de réprimer l'abus de la belle institution de l'assistance judiciaire et il apparaît que la simulation pourrait être assimilée au faux témoignage. »

3° *Abus des frais judiciaires.*

Et combien d'autres abus encore engendrés ou rendus possibles par les dispositions défectueuses de la loi de 1898 dont les industriels et leurs assureurs sont victimes ; abus d'enquêtes en Justice de Paix alors que rien dans la déclaration d'accident ni dans les certificats médicaux produits ne fait prévoir la moindre incapacité permanente, abus dans l'expédition des dites enquêtes qui, au lieu de contenir dix syllabes à la ligne, ainsi que le voulait le décret du 16 février 1807, en contiennent à peine quatre ou cinq, abus commis par un trop grand nombre d'avoués de province qui, pour conserver une affaire, empêchent toute conciliation et multiplient les chinoiseries de procédure : pose de qualités, prestation de serment des experts, etc., etc. Il est certains états de frais taxés qui atteignent 30 °/₀ du capital constitutif de la rente allouée au demandeur. Il en a été signifié au Syndicat Général de Garantie où, non seulement, en violation de la loi exigeant que les procès d'accident soient jugés comme en matière sommaire, les avoués avaient obtenu du juge qu'il leur taxât leurs frais comme en matière ordinaire, mais où ils avaient même fait taxer des indemnités de frais de voyage pour avoir accompagné les blessés à une expertise ayant eu lieu hors de leur résidence.

Sans doute il est possible de s'opposer à des exagérations aussi scandaleuses, mais les frais qu'entraînent les procès qu'on est obligé d'intenter devant le Tribunal et devant la Cour sont bien supérieurs à la réduction qu'on obtiendra.

4° Abus de l'assistance judiciaire.

Un abus beaucoup plus grave provient de l'article 22 de la loi du 9 avril 1898, modifié par la loi du 22 mars 1902, qui édicte que le bénéfice de l'assistance judiciaire est accordé de plein droit sur le visa du Procureur de la République, à la victime de l'accident ou à ses ayants droit, devant le président du Tribunal et devant le Tribunal, ainsi qu'à l'acte d'appel.

Grâce à cette prescription, les industriels et les assureurs ont à subir d'innombrables procès qui ne reposent sur aucun fondement et qui, nous allons le prouver, sont de véritables procès de chantage.

Vous n'ignorez point que pour mettre automatiquement en mouvement la machine judiciaire, il suffit qu'un greffier désireux de grossir ses émoluments estime, sous le couvert du juge de paix, qui a généralement d'autres préoccupations, qu'il résulte du certificat médical, même le plus vague, le plus anodin, produit par l'ouvrier ou par l'industriel, qu'il y a présomption d'incapacité permanente pour procéder à l'enquête prescrite par l'article 11 de la loi du 9 avril 1898 et percevoir ainsi les émoluments rémunérateurs fixés par le décret du 5 mars 1899.

L'enquête faite, le greffier transmet le dossier au président du Tribunal civil.

D'autres fois, l'enquête est provoquée par l'un de ces hommes d'affaires véreux qui parviennent sans difficulté à obtenir des médecins complaisants ou intéressés dont nous avons parlé, des certificats mentionnant, en termes imprécis, la vague possibilité d'une incapacité permanente.

Ce certificat est suffisant pour que l'enquête soit faite et le dossier transmis au président du Tribunal civil.

A la tentative de conciliation, l'assureur contestant formellement le caractère permanent de l'incapacité réclame une expertise dont les frais, variant de 60 à 120 francs, sont à sa charge.

Et lorsque l'expert a conclu à l'entière guérison sans aucun déchet, l'ouvrier, ou plus généralement son homme d'affaire, exerce un véritable chantage contre le chef d'entreprise en le menaçant d'un procès s'il ne consent point à payer une indemnité de quelques centaines de francs dont l'homme d'affaire retiendra le tiers ou la moitié.

Tous savent en effet que si l'industriel, se basant sur le rapport de l'expert, repousse toute conciliation, l'ouvrier n'en possède pas moins le bénéfice de l'assistance judiciaire pour engager un procès devant le Tribunal civil et, lorsqu'il sera débouté, pour signifier l'acte d'appel gratuit depuis la loi du 22 mars 1905 qui obligera l'industriel, afin d'interrompre la prescription, à suivre devant la Cour d'appel, jusqu'à l'arrêt par défaut faute de conclure, et à dépenser inutilement plusieurs centaines de francs.

Le nombre des procès mis ainsi sans aucun prétexte à la charge des industriels est considérable : pour le seul Tribunal de la Seine il s'élève chaque année à plus de 35 °/₀ des affaires jugées.

Il en résulte que les frais judiciaires comprenant les frais d'expertises médicales ont suivi une progression aussi rapide que les frais médicaux ; ainsi que cela ressort des statistiques du Syndicat de Garantie qui, de 1900 à 1906, accusent une augmentation de 283 °/₀, frais ayant passé, par million de salaires assurés, de 874,81 en 1900 à 2.792,50 en 1906.

5° Abus des incapacités permanentes.

Le § 3 de la loi du 9 avril 1898 porte que dans les cas prévus à l'article premier l'ouvrier ou l'employé a droit :

« Pour l'incapacité partielle et permanente, à une rente égale à la moitié de la réduction que l'accident aura fait subir au salaire. »

Or, malgré ce texte si précis, si net, si formel, les Tribunaux allouent chaque jour des rentes à des blessés pour lesquels l'accident bénin dont ils ont été victimes n'a entraîné aucune réduction de salaire.

Il y a donc là une véritable déformation de la loi par les Tribunaux et cette fausse interprétation de la pensée, pourtant si nette du législateur, a les plus funestes conséquences.

Certes, nous comprenons parfaitement que les Tribunaux ne soient pas tenus à une application littérale de cet article, car il existe des cas où, bien que le traumatisme n'ait fait subir au blessé aucune réduction immédiate de salaire, on ne saurait, sans commettre un véritable déni de justice, contester son droit certain à une rente ; par exemple, dans le cas de la perte d'un œil ; il y a là un dommage causé qui doit être réparé, et ce serait méconnaître le but de la loi de 1898 aussi bien que l'équité, que de le contester.

Mais, malheureusement, ce qui ne devrait constituer qu'une exception est devenu pour les tribunaux la règle, et ils en sont arrivés à juger unanimement que tout accident ayant occasionné une impotence fonctionnelle, si minime qu'elle fût, devait, quand bien même il serait certain que, ni dans le présent, ni dans l'avenir, elle n'entraînerait de dépréciation professionnelle, donner droit à une rente. C'est aller absolument contre l'esprit et la lettre de la loi.

C'est ainsi que les Tribunaux accordent chaque jour des rentes de 10, 15, 20, 25 francs, correspondant à des impotences fonctionnelles constituant des déchets évalués à 2, 3, 4 et 5 %, par les experts... par suite de perte de substance, de raideur d'un doigt, d'amputation d'une phalange, de vague douleur accusée par le blessé ou d'hytéro-traumatisme.

Le Tribunal de la Seine a essayé de réagir contre cette généralisation en décidant qu'une impotence fonctionnelle inférieure à 5 % ne constituait pas une incapacité permanente et par conséquent ne donnait pas droit à une rente ; malheureusement la Cour de Paris a infirmé cette décision et a alloué à un blessé la rente de quelques francs qu'à juste raison le Tribunal lui avait refusée.

Grâce à cette jurisprudence, le nombre des incapacités permanentes partielles augmente dans des proportions effrayantes.

Il résulte des statistiques de la Caisse des Forges de France que, de 1900 à 1906, le nombre des incapacités permanentes a progressé de 87,89 %.

Dans les industries du bâtiment et des travaux publics où les ouvriers sont beaucoup moins sédentaires que dans la métallurgie, la progression est plus considérable, l'augmentation des incapacités permanentes de 1906 sur 1900 s'étant élevée à 232 %.

Toutes les Sociétés d'assurance ont enregistré des progressions considérables du nombre des incapacités partielles permanentes qui se manifeste dans toutes les industries sans exception.

Cette progression est due à la largesse des tribunaux qui, en accordant des rentes pour les plus petits déchets, stimulent l'appétit des blessés. Lorsqu'après la consolidation de la blessure, il persiste la plus petite impotence fonctionnelle que, dans la plupart des cas, quelques mois ou même quelques semaines d'exercice de la profession feront disparaître. les blessés, de jour en jour mieux informés par les agents d'affaires ou les cliniques, du bénéfice qu'ils peuvent en tirer, refusent de reprendre le travail sans indemnité et ils y parviennent presque toujours, grâce à l'habitude qu'ont les experts d'attribuer des déchets de 1 à 5 $^{\circ}/_{\circ}$ aux plus insignifiantes lésions, et à la jurisprudence des tribunaux.

La moyenne des déchets, des blessés atteints d'incapacité permanente partielle s'abaisse régulièrement chaque année ; il résulte en effet des statistiques du Syndicat Général de Garantie que la moyenne des déchets qui était de 20 $^{\circ}/_{\circ}$ en 1900 et 1901 est descendue à 18.2 en 1902, à 14.6 en 1904 et à 12.2 en 1906. C'est la preuve qu'on considère de plus en plus comme incapacité permanente partielle des lésions qui, au début de l'application de la loi, étaient considérées comme n'entraînant que des incapacités temporaires.

Si les blessés n'avaient que la perspective de toucher une rente insignifiante de quelques francs, il est probable qu'ils n'hésiteraient pas à travailler aussitôt leur blessure consolidée ; mais ils savent qu'ils obtiendront sans difficulté le rachat de leur rente par les quelques centaines de francs du capital constitutif et c'est l'appât de cette somme à toucher qui les empêche de reprendre leur travail.

Mais, dira-t-on, pourquoi les assureurs se prêtent-ils à ce calcul en rachetant les rentes au lieu de servir les arrérages ?

Tout simplement pour éviter des frais considérables.

Aucune conciliation n'interviendrait, en effet, pour les petits traumatismes, si les assureurs se refusaient au rachat, et il faudrait alors qu'ils supportent en pure perte les frais d'un procès en première instance et en appel pour aboutir à constituer le capital constitutif de la rente qu'ils auraient refusé de racheter en conciliation et à payer les frais considérables des deux instances.

Étant donné cette certitude, on concevra que les assureurs préfèrent se résigner au règlement, moins onéreux, du sinistre en conciliation, par le rachat de la rente.

Aussitôt le règlement effectué et le capital de rachat touché, les ouvriers sérieux reprennent leur travail, tandis que les autres attendent pour cela d'avoir dissipé l'indemnité qui leur a été allouée

Et un trop grand nombre de camarades du chantier ou de l'atelier, au courant de cette aubaine, en arrivent à se suggestionner et inconsciemment à songer au léger accident qui, sans les estropier, leur permettra, à eux aussi, de toucher un petit capital.

Ainsi se propage parmi les travailleurs, une maladie épidémique d'un nouveau genre : l'hystérie de l'assurance.

*
* *

Cet abus sévissait en Allemagne avec autant d'intensité qu'en France. Les corporations qui groupent obligatoirement tous les industriels d'une région exerçant une profession similaire (seule la corporation des Travaux publics englobe les entrepreneurs de tout l'Empire), lassés de payer des rentes à des ouvriers qui n'avaient subi aucune réduction de capacité professionnelle, engagèrent une vigoureuse campagne et finirent par convaincre l'Office Impérial des Assurances, qui est à la fois le Ministère et le Tribunal suprême des assurances, accidents et invalidité.

Et depuis deux ans, l'Office Impérial supprime radicalement les rentes des ouvriers qui, par l'accommodation, ont recouvré toute leur capacité de travail.

C'est ainsi qu'il a décidé que ne donnait plus droit à indemnité après accommodation, la perte de deux phalanges du médius droit, la perte d'une phalange et d'une partie de la deuxième phalange du pouce gauche, l'amputation d'un doigt de la main droite, la perte d'une phalange et demie du premier orteil, de deux phalanges du deuxième et d'une demie du troisième.

Puisqu'en matière d'assurance ouvrière on nous vante toujours l'exemple de l'Allemagne, et qu'on nous invite à le suivre, nous voudrions voir citer par des personnalités autorisées, aux tribunaux français, les décisions de l'Office Impérial des Assurances.

Tant que dans l'état actuel des choses ils ne l'imiteront pas, tant qu'ils persisteront à octroyer abusivement des petites rentes, ils aggraveront un mal profond dont nous avons montré les conséquences financières et morales.

*
* *

Tels sont les funestes résultats produits par les dispositions défectueuses des lois de 1898, 1902, 1905 et par la jurisprudence des tribunaux relative aux légères impotences fonctionnelles sans dépréciation professionnelle.

Si l'on n'y remédie pas promptement, les abus que nous venons d'exposer vont encore s'aggraver et les contributions d'assurance vont chaque année continuer à s'accroître dans des proportions de plus en plus considérables et cela sans que cette progression soit causée par un nombre plus grand de dommages réels à réparer.

Il résulte, en effet, des statistiques du Syndicat Général de Garantie que l'augmentation des cotisations subie par ses adhérents, depuis l'application de la loi de 1898, est presque entièrement due à la prolongation abusive des chômages, à l'augmentation du nombre des petites incapacités permanentes, à l'exagération de plus en plus accentuée des frais médicaux et des frais judiciaires.

A eux seuls, les frais médicaux et les frais judiciaires ont contribué pour près d'un tiers à cette augmentation des charges patronales d'assurance; en sept années d'application de la loi, leur proportion par rapport aux indemnités payées aux blessés est passée de 13,18 °/₀ en 1900 à 29,47 °/₀ en 1906.

Ainsi, une fraction chaque année plus importante de la contribution patronale est absorbée, non par la légitime réparation des accidents, mais par tous ceux qui ont su se faire avec la loi sur les accidents une source de gros profits.

Il nous paraît impossible que les industriels français découragés acceptent avec résignation que le but de la loi soit ainsi dénaturé.

Alors que la loi sur les retraites ouvrières va leur créer une charge nouvelle considérable, il est de leur devoir de réagir vigoureusement contre la déformation de la loi de 1898, en faisant entendre aux pouvoirs publics une énergique protestation contre les abus dont ils sont victimes et en poursuivant, sans se lasser, la revision des dispositions défectueuses des lois de 1898, 1902 et 1905, qui finiraient par faire de la législation sur les accidents, au lieu de l'œuvre si humanitaire et si juste de réparation sociale voulue par le législateur, un instrument d'exploitation de l'industrie et une œuvre de démoralisation sociale.

A. VILLEMIN,

Paris. — J. Mersch, imp., 4bis, Av. de Chatillon — 696.